ENAMÓRATE DE TI

Ámate,
reencuéntrate
y vuelve a
empezar

Adriana Macías

Enamórate de ti

Primera edición: noviembre, 2020.
Segunda edición: abril 2022.

D.R. ©2020, Adriana Macías
D.R.©2020, derechos de edición en
español y otros idiomas:

Ordinal, S.A. de C.V.

Calzada de Las Águilas 1265, E 14, colonia
Puente Colorado, alcaldía Álvaro Obregón,
C.P. 01730, Ciudad de México.

www.ordinalbooks.com

D.R. ©Ordinal, S.A. de C.V.

ISBN: 978-607-98759-3-0

contacto@ordinalbooks.com

Impreso en México
Printed in Mexico

Índice

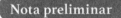

Cuando hablamos de nuestro ex, en realidad ya no es mío, ni tuyo, ni nuestro, ha perdido el sentido de pertenencia (además, como si alguien pudiera poseer a una persona).

Este libro trata de cómo me fui diluyendo hasta llegar al punto de ser mi propia ex: **mi ex yo**.

Después de vivir una separación, la parte más importante a rescatar eres tú; tomar tus pedazos, ponerte de pie y comenzar a reconstruirte, nueva, distinta, fuerte y digna.

ES CIERTO, ALGO SE ACABÓ,
PERO TÚ AÚN NO HAS
TERMINADO CONTIGO.

Sobre bestias y princesas ochenteras

Yo fui la típica niña ochentera que esperaba al príncipe azul. Era una mujer soñadora con deseos de vivir en un cuento de hadas; sólo que, en vez de usar un velo, adornaba mi cabello con un distinguido crepé. Los valses que sonaban no eran precisamente como *Sobre las olas*, de Juventino Rosas. Honestamente, las princesas de mis tiempos escuchábamos *Las mil y una noches*, de Flans, o quizá alguna tierna balada de los Hombres G.

Nuestros castillos transformaron sus características: cambiamos los elevados muros por rejas bajas a través de las que resonaba el peculiar grito de nuestras madres: «¡Hija, si vas a salir, por favor, no pongas el botón!».

En ese tiempo, esperábamos esa llamada que queríamos contestar en la privacidad de nuestra habitación y era fundamental un cable rizado de dos metros para el auricular. En el momento cumbre de la llamada se escuchaba un extraño clic y, de la nada, una tercera voz intervenía diciendo: «¡Hija, ya cuelga ese teléfono, tienes horas hablando con ese muchacho!». Bajabas abruptamente de tu nube mientras veías con tristeza cómo estallaba tu burbuja de jabón y regresabas a tu habitación a prender el radio, ya que la oferta televisiva de cuatro canales nos llevaría de decepción en decepción.

La bestia era yo

En la adolescencia, todos los seres humanos sufrimos una especie de *deformación*. Desconozco cómo lo vivían los hombres, pero a las princesas nos crecía primero la nariz, luego las orejas, embarnecíamos un poco y, al final, si teníamos suerte, nos crecía el busto. Así que, si mi cuento fuera el de una hermosa historia, creo que sería la de *La bella y la bestia*.

En mi caso, tristemente para
muchos, la bestia era yo.

Y es que el constante y voraz bombardeo de estereotipos y moda que ofrecen los distintos medios de comunicación nos rebasa rápidamente, incluso antes de permitirnos hacer un trabajo personal por la aceptación y el amor propio; nos deslumbran con un espejismo muy tentador.

Hoy en día, la competencia por *parecer* inicia a una edad más temprana, sin importar que dejemos de *ser*. Esa aspiración a traer ropa con el color fluorescente de moda, los tacones elevados y un peinado alto, típico de los años ochenta, ahora es nada comparado con la actual maravilla del Botox, los incontables remedios milagro y, ¿por qué no?, hasta una cirugía plástica.

PERO NADA ES SUFICIENTE;
NADA NI NADIE PUEDE
CONFIRMARNOS QUE
SOMOS VERDADERAMENTE
BONITAS.

Jueces de pubertad

El espejo siempre nos deja la duda, la báscula se niega a cooperar y no muestra si estamos suficientemente delgadas; tampoco ayuda el comentario adulador de la vendedora de maquillaje.

¡Nada! En definitiva, nada nos puede dar la paz y la tranquilidad de la aprobación, como la mirada de esa persona que nos gusta, ésa que brilla tanto en nuestros ojos, que le quita valor a todos los medios que pudieran comprobar nuestras cualidades o nuestros talentos. Todo se convierte en nada cuando tenemos la aprobación de esa persona.

Una sonrisa, una mirada, un coqueteo que inicia despejando un rostro tímido que se esconde detrás de un mechón de cabello se convierten en el tesoro más valioso que podemos tener y se vuelve tan indispensable como el aire. Genera tanto bienestar que lo quieres convertir en algo infinito, interminable, y vamos a estar dispuestas a todo con tal de que así sea.

Parches para los brazos

En esta loca idea de querer que algo que suponemos nos da felicidad sea infinito, decidimos cubrirnos de *parches* para tapar aquello que creemos podría jugarnos una mala pasada y hacer que esa persona cambie de parecer; así que elegimos un parche de un maquillaje perfecto, uno más con el perfume favorito (de él, por supuesto) y todos los que se nos ocurran.

Una vez transformadas en todo lo que suponemos le gustará al susodicho (porque ni siquiera es una certeza) vamos armando la estrategia perfecta para cubrir o distraerlo de todo lo que, según nosotras, son defectos.

Es curioso cómo, desde nuestras inseguridades, definimos y damos razón a cada una de las características que consideramos nuestros defectos.

Entonces empezamos con la tarea: ¿cómo podemos ocultar con maquillaje el granito en la nariz? ¿Cómo peinarnos para bajar el *frizz* y que nuestro cabello luzca perfecto todo el tiempo? ¿Cómo esconder esos gorditos con alguna faja? Uno más:

¿Cómo disimular
que no tienes brazos?

En fin, cada uno tiene que pensar en el nivel de remodelación al que se somete, aunque eso nos derrumbe y destruya, pero aun así tomamos el riesgo, vale la pena trabajar para superarnos y ser perfectas. La pregunta es: **¿cuándo se es perfecta?** O más aún: **¿perfecta para quién?**

Convencer a los pendejos

Como sociedad nos encanta buscar definiciones, y a partir de eso trazarnos una guía para convencer a las personas de que somos el o la adecuada. Yo hice de todo para convencer a la persona que estaba conmigo de que yo era una persona completa (aunque me faltaran los brazos).

Es curioso cómo yo tengo muy claro que no me siento completa por lo que salta a la vista y es claro como el agua, sin embargo, hay muchas personas como tú y como yo que se sienten incompletas. Es confuso y doloroso porque el espejo puede mostrar a una persona físicamente completa, pero todas nos sentimos igual.

NO CAÍ EN CUENTA DE QUE
LA QUE SE SENTÍA
DEVALUADA AL HACER
ESTOS ESFUERZOS ERA YO.

Terminamos venciendo a nuestra propia personalidad para tomar la que creemos nos hará quedar bien con los demás y nos permitirá convencerlos de que somos lo que esperan de nosotros.

L

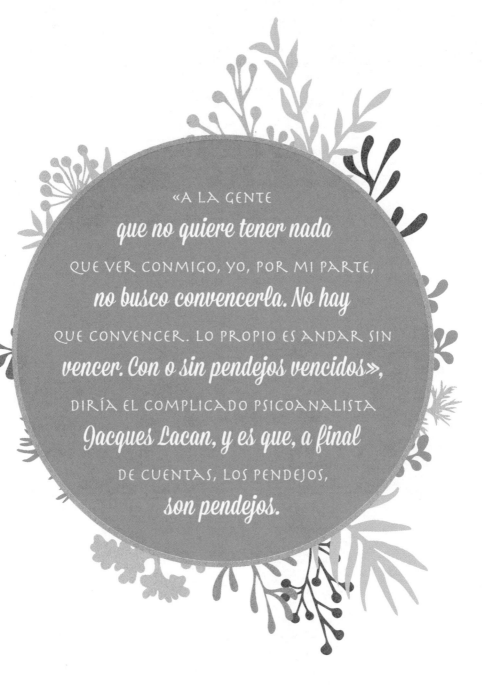

«A LA GENTE *que no quiere tener nada* QUE VER CONMIGO, YO, POR MI PARTE, *no busco convencerla. No hay* QUE CONVENCER. LO PROPIO ES ANDAR SIN *vencer. Con o sin pendejos vencidos»,* DIRÍA EL COMPLICADO PSICOANALISTA *Jacques Lacan, y es que, a final* DE CUENTAS, LOS PENDEJOS, *son pendejos.*

Las reinas que no somos

La primera vez que un amigo me invitó al cine (más o menos a mis 15 años), no tenía ni idea de cómo vestirme; y es que lo clásico para una salida al cine, en esa época, era algo casual, tal vez un pantalón de mezclilla, una blusa linda.

Yo nunca logré ponerme un pantalón de mezclilla porque, al ser una tela tan rígida, nunca fue parte de mi guardarropa. Entonces piensas que tal vez es la ocasión perfecta para ponerte una minifalda, pero, al usar mis pies para todo, no era muy prudente usar una que dejaría ver algo más que unas piernas bien torneadas.

Otra opción sería usar lo de siempre —¡no, nunca! ¿Cómo crees? Si es una ocasión especial. Total, terminé decidiéndome por un vestido que mi hermana me prestó, con una chaqueta que, por supuesto me encantaba, pero no me quedaba para nada confortable. Salí sintiéndome completamente incómoda, pero creyéndome perfecta para la ocasión.

¿Será entonces que nos perfeccionamos
para las ocasiones pasajeras y
para las personas que sólo estarán
temporalmente con nosotros?

¿Será que seguimos la tradición de la abuela de usar las copas de cristal cortado para ciertas fechas y dependiendo de los invitados?

Vendedoras de historias

No hemos podido aprender a perfeccionarnos para nosotras y para nuestra vida. Hoy en día, mientras veo a mi hija y a otras niñas de su edad vistiendo como princesas para salir a dar la vuelta en su triciclo, pienso que va a ensuciar su vestido, que no es el adecuado para la ocasión, que no se va a sentir cómoda. La realidad es que eso es lo que a ella la hace sentir feliz.

¿Por qué cuando pensamos en perfeccionarnos no lo hacemos como cuando éramos niños?

¿Por qué no perfeccionarnos para ser felices, para sentirnos cómodos, para sentirnos libres y con un superpoder que nos permita trascender y no solamente hacer que una persona nos vea bonito?

¿Por qué partir de una versión tan débil como el simple hecho de querer quedar bien con alguien con quien ni siquiera sabemos cuánto tiempo compartiremos? ¿Qué nos motiva a construirnos de apariencias para elaborar una fantasía y que una persona se enamore de otra persona que no existe? Desde ese punto de vista, nosotros también construimos e idealizamos a una persona y la conocemos no desde su intimidad, sino desde **nuestras creencias.**

Vendemos una historia en distintos escenarios; con una imaginación multiplicativa vemos en las personas lo que la sociedad, la mercadotecnia y la moda nos enseñan que es importante ver.

LA VERDAD ES TEMPORAL,
ES REBELDE Y EXPLOTA
CUANDO MENOS TE DAS
CUENTA, SALE COMO
HIEDRA ROMPIENDO EL
CONCRETO.

La verdad de lo que sentimos deja salir a la persona que no puede esconder más la realidad y termina este amor que nos quita hasta el aire y las ganas de respirar, las ganas hasta de vivir; nos da miedo ser descubiertos, estamos perdidos, fracturados, deseosos de encontrar lo que éramos. Tenemos miedo de sentir la pérdida.

Necesitados de amor

Intentamos reconstituirnos y creemos que este libro está mal escrito porque no encontramos en él las palabras mágicas que nos sanen y nos transformen en la superpersona invencible que deseamos ser.

Nuestro pretendiente está con una reina que no somos nosotras, y nosotras estamos con una persona que no es lo que creemos; sólo nos obsesionamos por estar juntos y cumplir con el protocolo, la expectativa social, el eje de una mitología que, definitivamente, ha sido sentirnos siempre necesitados de amor.

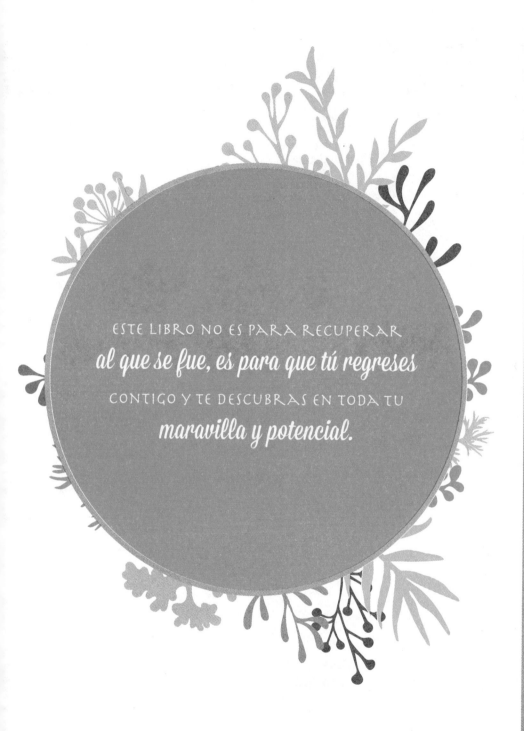

ESTE LIBRO NO ES PARA RECUPERAR
al que se fue, es para que tú regreses
CONTIGO Y TE DESCUBRAS EN TODA TU
maravilla y potencial.

El espejo del otro

Aun con mis inseguridades y mis miedos, yo sí viví mi sueño dorado, como cualquier chica de mi edad. Me casé con la persona que ponía a mil mi corazón, con el príncipe de mis cuentos, y no sólo yo lo veía así, a veces la percepción social nos engaña.

Cuando presentaba a mi galán, la reacción inmediata de la gente era de admiración: «¡Wow! ¿Cómo es que un hombre así se había fijado en mí?» Y no sólo eso, sino que además me había pedido matrimonio. Esa reacción despertaba en mí tanta admiración y gratitud por ser *merecedora* a un favor, a un milagro por el que yo decidí pagar cada día de mi matrimonio.

Me casé endeudada por la visión, los prejuicios y las limitaciones que la sociedad me vendió y que, lastimosamente, yo compré.

EL REFLEJO DE NOSOTROS
EN EL OTRO CONSTRUYE AL
MAESTRO QUE NOS
PERMITE VIVIR LAS
LECCIONES QUE
DECIDAMOS TOMAR.

Gracias a la persona que compartió conmigo ese periodo de mi vida aprendí que no por ser alguien con discapacidad, dejo de ser una mujer.

Espejo roto

La conclusión de una relación permitió que surgiera la mujer que soy y que siempre debí ser, permitió que me convirtiera en madre y vivir el milagro más maravilloso, y me dejó aprender esto que, sin duda, hubiera preferido vivir de mil maneras diferentes.

> PERO LA VIDA NO NOS DA A
> ELEGIR LA MANERA, SÓLO
> LAS LECCIONES QUE
> QUEREMOS APRENDER.

Sin embargo, esta lección es tan valiosa que la quiero compartir, sin ánimo de motivar una separación o un divorcio; por el contrario, para que te descubras en mis errores, comiences a construir el mejor destino para ti y, mejor aún, si no tienes una relación estable, la construyas, cuando llegue el momento, desde la sinceridad de un amor propio.

SIGUE A TU CORAZÓN, PERO
ASEGÚRATE DE LLEVAR A
TU CEREBRO CONTIGO.

Una boda discapacitada

Aprendí que por la única persona que se puede meter las manos al fuego es por una misma, y eso depende de la salud de nuestra solidez emocional, porque siempre estamos propensos a cometer un error, ya que en un día, sin darte cuenta, cambias de opinión.

¿ASÍ QUE EN VERDAD
TAMBIÉN TE ATREVERÍAS A
METER LAS MANOS AL
FUEGO POR TI?

Aprendí también que a no cargar con la culpa, que cuidar las apariencias es cuidar lo que hemos puesto en el otro, es construir situaciones que permitan que los demás vean al otro como lo vemos nosotros.

En esos momentos el amor que sentí sólo me dejó ver que mi boda tenía todos los detalles que imaginé o ¿que fui manipulada a imaginar?

Ahora no tengo claro si estaba enamorada de la persona que me acompañaba al altar o estaba enamorada de la persona que era yo cuando estaba con él, porque me sentía una mujer completa, plena, perfecta, como tantas personas que se sienten por fin enteras por *encontrar* a su media naranja.

Según el protocolo, lo tenía todo: era una mujer útil, independiente, con capacidad económica para mantener mi hogar y con la suerte de que un hombre sin discapacidad se fijara en mí.

A mi boda no le hizo falta nada. ¡Fue perfecta!

Tuve el vestido que elegí, mis mejores amigos acompañándome, un lugar de ensueño rodeado de flores, un menú exquisito, un pastel que no sólo se veía encantador, además sabía espectacular —del sabor favorito del feliz novio, claro.

Curiosamente, mi pastel de bodas fue la descripción perfecta de mi matrimonio: aparentaba exactamente lo que yo quería: un betún blanco, suave, delicado y dulce, pero por dentro era todo lo que no me gustaba, pues estaba hecho de un pan de chocolate negro, amargo.

¿Te acuerdas quién decidió el sabor
del pastel? ¿Quién decide hoy el
sabor de tu vida en pareja?

Mi matrimonio tuvo todos los momentos maravillosos que pude organizar y crear, pero se me olvidó dar oportunidad a que regresara la pelota cuando no estaba en mi cancha. Lo que siempre decidía era ir por ella sin permitir que surgiera el equilibrio.

ANTES, MI DISCAPACIDAD HABÍA SIDO EL OBSTÁCULO PARA CASARME, LUEGO, NO IMPORTABA, ERA LO DE MENOS. DESPUÉS SE CONVIRTIÓ EN PROTAGONISTA Y AL FINAL TERMINÓ HACIÉNDOME A UN LADO.

Lenguaje de señas

Recuerdo estar gran parte de mi vida luchando contra mi inseguridad, principalmente cuando me encuentro con personas que despiertan en mí una emoción especial, desde amor hasta admiración.

Cierro los ojos y recuerdo. Casi puedo volver a sentir esa emoción de escuchar a aquel novio de mi juventud hablar de mí cuando por primera vez interpretó una conferencia mía para personas con sordera. A los espectadores les dolían las manos de tanto agitarlas —pues los sordos no aplauden, agitan las manos.

Él parecía orgulloso de mí y eso me hacía sentir plena, en paz con mis fantasmas. Al ver su dedicación por buscar oportunidades para que sus amigos con discapacidad fueran incluidos en todos los aspectos de la sociedad, me hacía pensar que siempre tendría su apoyo hacia mi condición. Por si fuera poco, tenía sentido del humor ante la discapacidad.

Mis fantasías y mi falta de claridad no
me dejaron ver que las muestras de
amor y romanticismo eran nulas.

Tal y como una mujer ve en una cachetada impulsada por los celos el amor de su pareja, yo vi el amor de él en las atenciones que tenía hacia las personas con discapacidad. Porque cualquiera regala flores, pero ¿cuántos aprenden braille para escribir una nota a un amigo?

Así que pensé que hacia mí la situación sería totalmente empática, sentía que él entendía mi mundo.

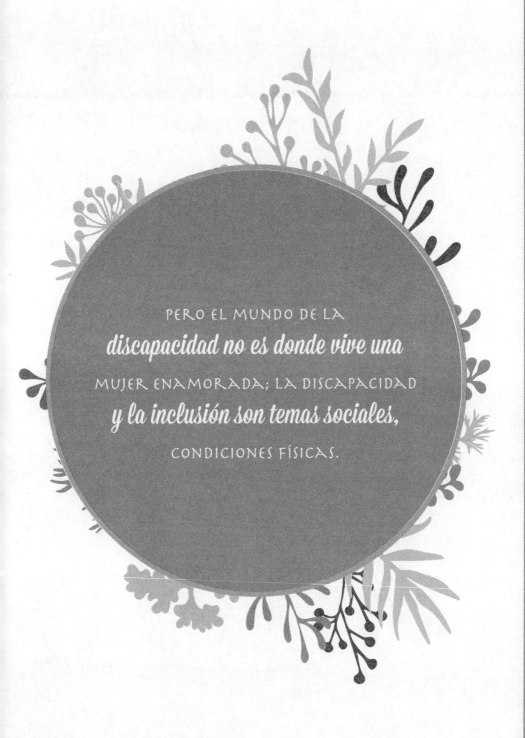

PERO EL MUNDO DE LA

discapacidad no es donde vive una

MUJER ENAMORADA; LA DISCAPACIDAD

y la inclusión son temas sociales,

CONDICIONES FÍSICAS.

Parecido al amor

El amor, el romanticismo y la sensualidad no tienen nada que ver con la condición o el estrato social de una persona.

Al amor lo confundimos con muchas cosas porque se desea lo que **no** se tiene. Deseamos que nos amen incondicionalmente, aun con nuestros defectos, pero, ¿nosotros nos amamos así? ¿Nos aceptamos incondicionalmente?

A VECES CONFUNDIMOS EL
AMOR CON NECESIDADES:
DE ACEPTACIÓN O DE NO
VER EL VACÍO QUE HAY EN
NOSOTROS.

Pero cuando dos personas con autoestima saludable se encuentran, no se deben nada ni están ávidos de recibir algo a cambio; ninguno de los dos está en deuda con el otro, cada uno sabe que la felicidad es una responsabilidad intransferible, porque es algo natural.

Acuerdos cuerdos

Jamás se debe pagar por mantener una relación: tu esencia y tu paz no tienen precio.

Y no me refiero a dinero, sino a gastarte la vida para que el otro se quede y no se vaya de tu lado. Aprendí que cuando las personas tenemos claro esto, sólo necesitamos proponer acuerdos para fortalecer la unión y mantener el mismo equilibrio que teníamos cuando nos conocimos.

¿Cómo aprender a construir acuerdos saludables con tu pareja? Es fundamental que primero los hagas contigo misma, pensando cómo vas a cuidar tus emociones. Aquí algunos consejos:

La **paciencia** es una excelente herramienta para no actuar de manera impulsiva; de esta manera, serás cada vez más centrada y podrás concentrarte en tus metas; y mientras más claras sean éstas, más fácilmente tendrás dirección.

¡No lleves prisa para el amor! Sé prudente, sobre todo contigo, prepara el terreno, prepárate tú.

¿Recuerdas cuando eras muy joven y querías salir con tus amigas? Tenías claro que necesitabas cumplir con tus obligaciones para que tus papás no tuvieran pretexto para no darte el permiso, que debías ahorrar tus domingos, que no podías romper la dieta para verte bien. De igual manera debes prepararte individualmente para el amor.

No tengas miedo a fracasar. Si estás segura de que hiciste lo que te corresponde, hay un mínimo de posibilidades para que las cosas no resulten, pues por tu parte has preparado todo lo que está en tus manos.

No olvides que la emoción de disfrutar de tus logros no daba cavida al pesimismo o al miedo.

¿Ahora vas entendiendo? Quiero que regreses contigo, con esa *tú* que no era pesimista ni miedosa, por el contrario, era alegre, con mucha energía y estaba dispuesta a disfrutar de cada instante de la vida.

Una vez que tengas claras tus metas, haz una pausa para hacer una introspección y descubrir qué te frena. Reflexiona qué quieres para tu vida.

Decide si lo que hoy se te presenta
será lo que te ayudará a construir
el futuro que quieres.

Enamorado de la discapacidad, nunca de la mujer

Generalmente cuando se fijan en ti, ¿de qué se enamoran? ¿Es una cualidad o un defecto? ¿Qué necesitas rescatar de ti? ¿Qué dejaste de hacer? ¿Cómo cambió tu manera de actuar, de pensar, de ver la vida? ¿Qué lección aprendiste?

EL AMOR JUSTIFICA
HASTA LA MENTIRA.

Esa mentira es tan subjetiva porque, a fin de cuentas, es una mera percepción, y nada más real y verdadero que nuestra visión o impresión de las situaciones, personas o cosas.

Esa mentira nos deslumbró porque nosotras terminamos construyendo a la persona de la que nos enamoramos, muchas veces desde nuestras carencias y limitaciones.

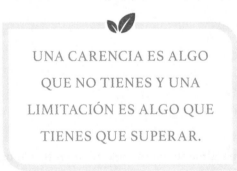

UNA CARENCIA ES ALGO
QUE NO TIENES Y UNA
LIMITACIÓN ES ALGO QUE
TIENES QUE SUPERAR.

Aprender a diferenciar una cosa de la otra nos ayuda a darnos cuenta de si la abundancia que vemos en una persona es real o somos nosotras quienes creamos esa ilusión tratando de llenar nuestros huecos.

Por ejemplo, cuando miras a una persona con un cabello largo, sedoso y lacio, y tú lo tienes corto, rizado y algo rebelde, de inmediato piensas: «Qué feliz debe ser con esa cabellera». Posiblemente, la otra persona piense: "¡Qué bella! Yo quisiera tener el pelo con esos rizos y no tan escurrido...». No es que el cabello sea perfecto de una u otra forma, es la persona quien decide verlo perfecto.

Deslumbramiento

Agalma es el término que los antiguos tenían para glorificar, exaltar, magnificar, adornar. Es el brillo de una persona que no tiene que ver con el físico, más bien son imágenes que pasan en nuestro interior, pero sólo por un tiempo. Es esa impresión que el otro provocó en ti, más por lo que tú deseas encontrar que por lo que en realidad ofrece.

Cuando esa persona pierda el destello, tú no lo hagas; cuando suceda, quizá duela, pero tal vez no es dolor, sino únicamente la nostalgia de no volver a ver esa luz en quien creímos era el amor de nuestra vida. Se acabaron las máscaras, se cayeron los parches... Aquel brillo se ha ido y no hay una razón clara, un porqué exacto.

Antes lo disculpabas todo, incluso te parecía divertido, pero ha llegado el golpe de realidad, ese momento en el que hasta su risa ya no te genera emoción alguna; ahora ves las cosas de una manera completamente diferente.

¿Qué harás
con lo que ahora ves?

Secuestro y traición

El amor es diferente para todos en cada momento de la vida y no tiene una causa específica. El problema es cuando mantenemos relaciones que ya no sirven, porque el dolor es menor que el miedo de ver que esa persona se va.

En ese momento vivimos un autosecuestro disfrazado, pues, si no es por amor, entonces será por conveniencia.

NOS SENTIMOS TAN VACÍAS
QUE PREFERIMOS
LLENARNOS DE CUALQUIER
COSA, INCLUSO DE LA
VIOLENCIA. ASÍ TERMINAS
TRAICIONÁNDOTE Y
MINTIÉNDOTE PARA
ENGAÑAR A LOS DEMÁS.

Desengaño en casa

Asistí a tantos seminarios en los que los ponentes hablaban de la lealtad como una gran filosofía de vida, pero cuando los conocía en la vida diaria, su actuar era incongruente.

No observaba que toda aquella sabiduría plasmada en charlas, talleres y conferencias de humanismo, de empatía o de inclusión hacia las personas discapacitadas estaba tan distorsionada y confusa en mi vida diaria.

No podía entender cómo hacer adaptaciones en edificios públicos para que fueran accesibles era un tema de inclusión, en público, pero, al interior del hogar, hacer alguna adaptación en mi casa era un tema sin importancia.

ENTENDÍ QUE LAS
PERSONAS PERCIBIMOS LA
REALIDAD COMO LO
DECIDIMOS Y SEGÚN
NUESTRA HISTORIA.

Como dice el escritor Eric Hoffer: «Normalmente sólo vemos lo que queremos ver; tanto así, que a veces lo vemos donde no está».

Lo que antes fue la principal cualidad en la persona a la que amaba, se convirtió en su peor defecto, pues llegué al punto del hartazgo: todo se me hacía exagerado e innecesario. Comencé a sentirme desplazada por mi propia condición de vida.

Era como si mi clon fuera más afín a mi pareja que yo; sin embargo, con tal de mantener la convivencia con él, yo aceptaba estar y acompañarlo en todos los proyectos, pero no era eso lo que realmente deseaba. Yo quería hacer otras cosas con él, yo quería vivir otros momentos con él; yo quería ser sólo una mujer que salía con la persona que amaba, ya no quería ser la persona con discapacidad que salía con el especialista en el tema.

Parecía no haber nada más que nos uniera, únicamente el estudio sobre la discapacidad. A final de cuentas, lo que menos le importaba de mí y que no sería impedimento para estar juntos, su indiferencia en la sensibilidad del tema (al menos hacia mí en particular) terminó pesando de más y separándonos.

Todo esto me lleva a pensar en cuántos de nosotros perdemos nuestro principal objetivo o lo confundimos en el camino con todos los distractores que nos rodean; perdemos lo más valioso, porque perdimos nuestro objetivo.

Lo valioso de las personas

No nos pongamos melancólicos ni caóticos, mejor pensemos. ¿Cuál es la realidad que enfrentamos ahora? ¿Qué es lo que te queda después de esa pérdida? Y, lo más importante: ¿qué opciones tienes?

Lo que viví en todas mis relaciones, incluidas las separaciones, hizo que aprendiera a reconocerme cada vez como un ser más completo. Lejos de todo el dolor que te pudieron haber causado algunas de tus relaciones, todas te han dejado un aprendizaje.

ES IMPORTANTE VALORAR Y
DEJAR ATRÁS LO QUE
CREÍAS QUE NO TENÍAS Y
VER LO QUE HOY ERES.

Llora todo lo necesario, patalea y después mira hacia el futuro. Lo más bonito de un final es que, aunque es doloroso, vaticina algo nuevo por iniciar, y todos los comienzos son emocionantes.

El nuevo lienzo

Lo que se extiende al frente es un lienzo en blanco en el que podrás usar otros colores, otras técnicas y conseguirás una obra de arte mejor, porque ahora tienes una experiencia más; sólo aprende a mirar hacia atrás no para atormentarte con lo que pudo ser.

Pero lo más importante que tendrás que hacer ahora para volver contigo es asegurarte de no romper el compromiso más importante: el que haces con tu propio ser:

EL COMPROMISO DE NO
PERMITIR QUE UNA
SITUACIÓN TE REBASE DE
TAL MANERA QUE PUEDAS
PERDERTE Y CREER QUE
NECESITAS QUE ALGUIEN
TE RESCATE Y TE AME.

Espera a alguien que te merezca y que su respeto y cercanía lo hagan merecedor de compartir tus deseos, sueños y convicciones para darse cuenta de tu enorme amor propio.

Haz comprender a tu *ego* que esta separación no es un fracaso en una relación, sino una experiencia de aprendizaje para relacionarte mejor, sin traicionarte. Jamás vuelvas a romper ese compromiso.

DECIDE ESTAR CON ALGUIEN POR LO QUE ESA PERSONA ES, NO POR LO QUE IMAGINAS, POR LO QUE APARENTA Y MUCHO MENOS POR LO QUE LOS DEMÁS DICEN QUE ES.

Que no te necesiten

El amor es una experiencia maravillosa cuando en verdad adquieres experiencia. Cada relación suma algo nuevo y distinto a tu vida. Verlo así, hará que el dolor de la separación se convierta en una oportunidad de crecimiento.

Hay heridas que en lugar de abrirnos
la piel, nos abren los ojos.

Todas nuestras relaciones seguirán siendo terribles, menos la actual, y no existirá la posibilidad de que haya una persona perfecta para ti, hasta que dejes de creer que todo es aquí y ahora.

Todo lleva su proceso y su tiempo; sé paciente, sé prudente, sé quien eres y deja que el otro sea quien es, sin máscaras, adornos, parches o disfraces.

EN NINGÚN MOMENTO DE
TU VIDA DECIDAS
AGUANTAR ALGO A CAMBIO
DE AMOR.

Mejor esfuérzate por prepararte y construirte cada día para que te sientas plena y con una autoestima saludable que te permita tener un calzado a la medida, sin sentir dolor a cada paso, pues la vida no se trata de aguantar el trote, porque al menor descuido te infartas. Es mejor prepararte cada día para tener la condición necesaria para cruzar la meta.

Ahora sé que mis brazos, estos brazos hechos de luz, sólo se abrirán para una persona «que no me necesite para nada, pero que me quiera para todo...», como decía Mario Benedetti.

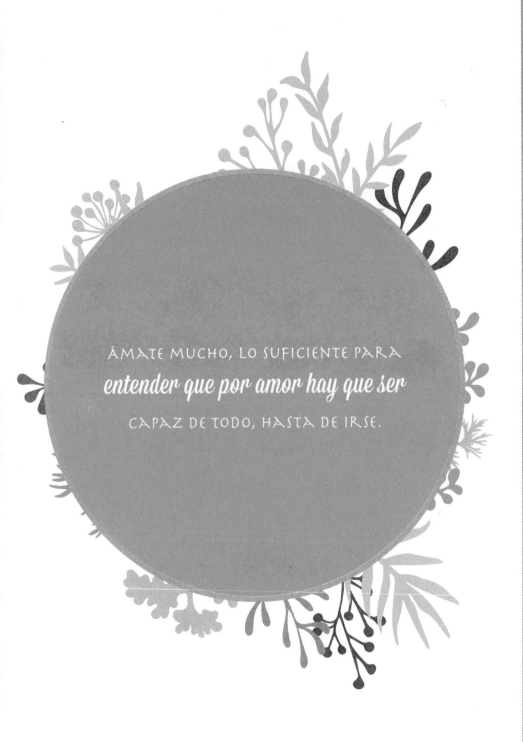

ÁMATE MUCHO, LO SUFICIENTE PARA *entender que por amor hay que ser* CAPAZ DE TODO, HASTA DE IRSE.

El paseo del fantasma

Cuando está a punto de terminar una relación suceden situaciones muy extrañas y confusas, pues de pronto empiezas a percibir detalles que antes no veías, y cuando te acercas a tu familia o a algún amigo, de pronto te empieza a contar una historia que tu viviste pero no notaste por completo, o decidiste no mirar todo lo que realmente estaba sucediendo.

Lo que hacías de manera inconsciente lo identificas y lo nombras, se hace tan real que no comprendes cómo no lo veías, no entiendes si es ahora o era antes cuando parecías ser un fantasma y vuelves atrás para recordar lo que ocultaste para guardar las apariencias.

EN REALIDAD, A NADIE NOS
GUSTA MOSTRAR LO QUE
NOS HACE FALTA.

Memoria al descubierto

Recordamos anécdotas y empezamos a pasear por los momentos vividos como si fuéramos un espectro. Revivimos escenas completas para ver lo que antes pasó desapercibido.

ES TRISTE DARTE CUENTA
CÓMO DECIDISTE
DISFRAZAR SITUACIONES
PARA MOSTRAR QUE ERAS
FELIZ Y QUE TODO ERA
PERFECTO.

A un mes de mi boda, mientras me encontraba en un viaje de trabajo, mi ex me llamó como pocas veces lo hacía y me dijo:

—Oye, hay una expo de muebles. ¿Qué te parece si yo los compro, para aprovechar esa oferta?

—¡Pero por supuesto!

De inmediato le deposité a su cuenta lo suficiente para que comprara todo. En ese momento me pareció genial que él amueblara la casa a su gusto, sin tener yo nada que opinar: ¿para qué? Según yo, no era necesaria mi opinión, con que él estuviera feliz y se sintiera cómodo, yo sería feliz.

PENSÉ QUE SI ESTABA CON
UNA MUJER COMO YO, POR
LO MENOS QUE SU CASA
FUERA PERFECTAMENTE A
SU GUSTO.

Cada mueble, cada cuadro, cada pintura en las paredes... todo estaba colocado a su gusto y eso, para mí, era más que perfecto. No me di cuenta de que en la perfección no deje que creciéramos desde el enfoque del aprendizaje, que nos conociéramos en la incomodidad.

No me sentí con el derecho de agregar una incomodidad más a mi matrimonio: suficiente tenía con una mujer que lo trataba *con las patas*.

Memoria al descubierto y muy jodida

Empecé a pasear por mis recuerdos como un fantasma y me encontré en casa de mis padres cuando era niña y ellos compraron su primer departamento. Dejamos de vivir con los abuelos.

En nuestro nuevo espacio, nos sentábamos en cojines en el piso, jugábamos a la pelota y bailábamos en la sala, pues no había nada; cada que llegaba un mueble —producto del esfuerzo de mis padres— era una celebración: «¡Ya tenemos sala!», y así sucesivamente, hasta que el departamento quedó amueblado por completo.

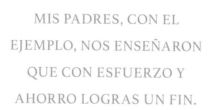

MIS PADRES, CON EL
EJEMPLO, NOS ENSEÑARON
QUE CON ESFUERZO Y
AHORRO LOGRAS UN FIN.

Ellos nos inculcaron que tras la construcción de una casa debes formar un hogar, que los procesos nos enseñan y unen a las personas en las anécdotas, que despiertan el cuidado, la protección a tu pareja y la prioridad de su bienestar.

TODAS LAS COSAS Y TODOS
LOS DETALLES DAN UNA
DOSIS DE AMOR Y
EXPERIENCIA.

Cada porquería en su lugar

Cometí el error de ahorrarle a mi ex las incomodidades intentando que todo estuviera perfecto, incluyendo siempre las amistades correctas, el lugar correcto y las palabras indicadas en el instante preciso.

El miedo a equivocarme provocó que construyera una fantasía y dejara de ver la realidad.

QUIEN NO ESTÁ
NECESITADO NO BUSCA LO
QUE CREE NECESITAR.

Casa fifí, hogar chairo

Cuando invertimos demasiado económica y emocionalmente para montar una casa como las que aparecen en las revistas, algunas veces no nos preocupamos por hacerlo en un hogar lleno de carencias, debido a nuestras creencias afectivas.

¿Qué pasaría si decidieras decirle adiós
a tu colección privada de creencias,
aunque la consideres invaluable porque
ha pasado de generación en generación?
¿Has pensado en lo libre que eres cuando
vives sin tratar de agradar a otros?

Por fortuna, gracias a mi familia y a todas las personas que se me acercaban compartiendo su visión, me di cuenta de mi baja autoestima y empecé a escuchar mis propias palabras en el escenario —cuando doy conferencias motivacionales— para ponerlas en práctica:

ME DI CUENTA DE QUE
ESTABA VIVIENDO SÓLO
PARA ÉL Y NO PARA MÍ.
A MUCHAS NOS HA PASADO.

El paseo de mi fantasma por mi pasado, en el fondo de mi experiencia personal de desamor, me hizo cuestionarme qué es más doloroso: ¿un solo evento o vivir constantemente eventos de desamor?

Y tú, ¿cuántos eventos de desamor tienes al día?

La única manera de dar lo que no tienes es dar nada

Desde que era niña leía en las novelas románticas que «el amor lo puede todo, lo justifica, lo perdona todo». Las personas nos enamoramos desde lo que necesitamos.

Cuando estamos enamorados, las palabras no son suficientes para describir lo que maravillosa que puede ser una persona. No hay manera de explicar el alcance que puede tener el sentimiento que nos hace construir la imagen de la persona *perfecta* para nosotros —dependiendo de nuestras aspiraciones y sueños de ese momento.

Es decir, si tenemos ganas de descubrir el mundo y tener aventuras, la forma ideal de nuestro candidato (o candidata) se parecerá a Indiana Jones. Si lo que necesitamos es estabilidad, todas las cualidades y los talentos que vemos en nuestras contrapartes se dirigirán hacia allá.

SI PUDIÉRAMOS VIVIR EN
LA POESÍA QUE
CONSTRUIMOS, SERÍA UN
MUNDO CASI PERFECTO,
PERO UN SUEÑO NO
DESCARTA LA POSIBILIDAD
DE CONVERTIRSE EN
PESADILLA.

Él es el amor de mi vida

Como nos pasa a muchas, el amor de mi vida era mi pareja en turno. Con el tiempo entendí que no dependía sólo de mi ese nombramiento, y que únicamente podía asegurar el día de hoy.

Cuando entendamos que debemos vivir cada día a la vez será liberador y más productivo, pues nos quitaremos el dolor de un fracaso enorme, al dejar de pensar que perdimos al amor de nuestra vida a la edad de 30 años, por ejemplo.

Desde esa óptica, probablemente
nos faltan 40 años en este mundo,
y vivir sin el *amor de nuestra vida*
tantos años parece imposible.

¿Por qué no pensamos mejor en el *amor de nuestro día*? Nos sentiremos con mayor disposición y menos presionadas a pensar en esa perfección efímera, porque sólo la construimos a partir de creencias de lo que necesitamos de esa persona *tan* amada.

Si no resolvemos lo que nos hace sentir en desventaja, repetiremos mil veces la misma historia con distintos personajes, porque desde los patrones de inseguridad o miedo que tenemos desarrollaremos, con el tiempo, las mismas situaciones y comportamientos.

Culpas que discapacitan

En el amor no hay ni mi culpa ni la tuya por lo que hicimos o dejamos de hacer. El amor nos impulsa a dar, y ni el mejor especialista o nuestro pariente más cercano nos pondrá un freno, por mucho que nos advierta que vamos directo a un precipicio.

El mismo miedo de que otra vez un hombre me dejaría por mi discapacidad —en el entendido de que me sentía menos mujer que las demás por el hecho de no tener brazos— me daba la misma inseguridad que siente una mujer pasada de peso de que su pareja la dejaría por una más delgada, y entonces se vuelve una obsesiva de las dietas y las rutinas de ejercicio, no dejando nunca un espacio para disfrutar una cena con su pareja. Así, satura la relación de una frustración que no le permite a ninguno disfrutar del momento.

También le sucede a una ama de casa al sentir como competencia a las ejecutivas sofisticadas. Su complejo empieza a crecer a tal grado que prefiere aislarse por completo y no acompañar a su pareja a ningún evento, porque no se siente a la altura y se encierra en su mundo, quedándose sin convivencia, sin tema de conversación con su pareja.

SON ESAS DISTANCIAS LAS
QUE TERMINAN POR
DESVANECER TODO LO QUE
EN ALGÚN MOMENTO
TUVIERON EN COMÚN.

Sentirnos en desventaja, en comparación con otras personas, nos impulsa a llenar los vacíos y las inseguridades con acciones que, lejos de fortalecer la relación, la debilitan y produce que esa unión se desarrolle en el miedo o en la inseguridad. Tarde o temprano ese castillo de naipes terminará derrumbándose.

DEJA DE PENSAR SÓLO EN
CÓMO PUEDES RETENER A
ESA PERSONA PORQUE SERÁ
UN DESGASTE Y VANO
QUERER DETENER ALGO A
PARTIR DE UNA
DESVENTAJA.

Superheroínas en desventaja

Todo esto que te acabo de explicar yo no lo entendía así, entonces hice un montón de cosas para que el *amor de mi día* sintiera que yo era una mujer completa. Yo compensaba el no tener brazos con otras cosas y creía que así eliminaba la posibilidad de que me dejaran por alguien con más brazos.

Entre más hacía, más sola me quedaba. De pronto, mi pareja comenzó a sentir que yo no lo necesitaba para nada.

Si sigues fantaseando en querer
convertirte en una superheroína, en
vez de encontrar una solución real y
dejando que cada quien haga su parte,
seguirás estrellándote en tu realidad.

Aprendí a cuestionar estas cinco cosas:

¿Qué estoy haciendo para generar esta situación en mi vida?

¿Este actuar corresponde a algún miedo?

¿Por qué tengo ese temor?

¿Es algo que puedo cambiar, o no?

¿Qué me impide cambiar esas actitudes?

TAL VEZ NO PODEMOS
CAMBIAR CIERTAS
SITUACIONES DE VIDA,
PERO LAS ACTITUDES
FRENTE A ESAS
COMPLICACIONES CLARO
QUE LAS PODEMOS
MODIFICAR.

Ilegales

Ser alguien que no eres para tener la atención de alguien —como tantos hombres y mujeres lo hacen— es una estrategia de abolengo en el amor.

El amor no sólo te hace adoptar compromisos, maneras o gustos, también te hace renunciar a tus intereses, dejándolos de lado para unirte a los de esa persona que te tiene deslumbrada y empezamos a trabajar con gran pasión —como lo hace un inmigrante ilegal— pues ciertamente tenemos una motivación extra: el enamoramiento que nos hace trabajar con una energía y con una disposición que antes no teníamos.

SOMOS ILEGALES PORQUE NOS COMPROMETEMOS A TRABAJAR EN UN TERRITORIO QUE NO ES EL NUESTRO.

La motivación para tener esta energía extra no surge simple y llanamente de nosotros, brota cuando pensamos en el otro, y no sólo eso: cuando pensamos en el otro con nosotros como si pudiera ser inseparable, y no es así, pero el sueño es tan grande, tan motivador, que lo deseamos de tal manera que no importa no estar en nuestra patria ni con los nuestros.

No importa dejar de lado en lo que creemos porque decidimos creer más en los sueños ajenos que en los nuestros, ya que eso nos puede hacer parte de ellos y qué delicia tan sólo imaginar que vamos a ser parte de la vida de esa persona tan *maravillosa*.

A VECES, ESTA FÓRMULA
FUNCIONA PORQUE
MUCHAS HISTORIAS COMO
ÉSTA SON EL INICIO DE UN
GRAN EMPORIO.

Por ejemplo, cuando él no quería ni estudiar pero por amor decide terminar una carrera y entre los dos construyen una familia y un proyecto empresarial increíble, ésa sí que es una fascinante historia de amor.

Pero no siempre funciona así. En algunos casos, las circunstancias nos hacen olvidar que somos unos indocumentados, que ese no es nuestro territorio y que en cualquier momento te pueden expulsar; así que no importa cómo, ni qué, ni cuánto aceptamos reconstruirnos a imagen y semejanza de los intereses físicos, emocionales e intelectuales de otra persona con tal de estar a su lado.

AUN CUANDO LOGREMOS
ESTAR JUNTO A ESE OTRO,
YO TE PREGUNTO:
¿A CAMBIO DE QUÉ?

Este cuestionamiento no sólo va enfocado a lo que la otra persona nos dio. Posiblemente seas de las afortunadas que recibió algo a cambio, algo que te deslumbra tanto que decides **dejar** de ser para **empezar** a parecer.

Este cuestionamiento va dirigido a una reflexión interior.

¿A cambio de qué?
A cambio de dejar de lado lo que
éramos y lo que queríamos ser.

Pero no todo está perdido. Hoy que ya te han deportado o que has decidido irte no te fuiste sin nada, te hiciste de un cúmulo de experiencias.

¡LO MEJOR ES QUE HOY REGRESAS A TI!

Cuando una fuerza está reprimida, al encontrar un escape explota y fluye a borbotones. Esa explosión eres **tú**.

Regresar a ti es **libertad**.

Es la **oportunidad** de decidir qué quieres construir pero esta vez desde tus convicciones, desde tus creencias, desde tus gustos, dejando de lado intentar quedar bien con alguien más.

Es empezar a estar bien **contigo** y no reconstruirte por encima para empezar a construirte por dentro, desde tu ser.

Vivimos en un 6 permanente

El miedo es enemigo público de cualquier relación.

Sería falso decir que entre mis sueños nunca ha estado la idea de ser perfecta. Eso es una quimera cuando naces con el estigma de estar *defectuoso* desde el día uno hasta el último de tu vida, pues en cuanto nace un bebé, la pregunta obligada es «¿cómo está?». El médico habitualmente responde si es niño o es niña, y que además es perfecto. Los padres lanzan un suspiro de alivio y sus ojos brillan extasiados ante la perfección de las tiernas formas del pequeño bebé en sus brazos.

¿Qué puedes esperar de ti cuando
desde antes de iniciar la batalla ya existe
un registro, una etiqueta invisible que
te señala como alguien *defectuoso*?

Defectuoso, a grandes rangos

Cuando naces sin brazos, cada día, cada segundo, cada minuto y hora, la vida te pone a prueba para no caer, no perder el equilibrio.

Es todo un reto abrocharme el sostén, maquillar mis pestañas, peinarme, ponerme un zapato, abrir una puerta, escribir, tocar el chelo, poner la USB en el puerto de mi laptop, peinar a mi hija de 4 años, bañarla, cargarla.

TODO LO SIMPLE Y
COTIDIANO DE LA VIDA ES
PARA MÍ UN MILAGRO QUE
SE REPITE UNA Y OTRA VEZ,
TODOS LOS DÍAS.

Pero a pesar de todo, lo hago. Aun con ese *pequeño* detalle de no poseer brazos, cumplo y funciono excepcionalmente como madre, como mujer, como empresaria, como persona.

Aun consiguiendo todo esto de manera
perfecta, sigo siendo la mujer que
no nació perfecta. Eso pesó bastante
en mi autoestima, porque no me
permitía una calificación mayor al 6.

El mundo perfecto

Existen patrones establecidos sobre lo que es hermoso. Todas las mujeres tenemos un conflicto con la perfección, pues tal parece que tenemos una fascinación insaciable por siempre dar lo mejor de nosotras mismas: dar la mejor imagen, la más agradable, la que le llene el ojo al otro.

VIVIMOS EN UN MUNDO
QUE HA ESTABLECIDO UN
AUTÉNTICO CULTO A LA
BELLEZA.

En realidad, sería más justo decir que no es a la belleza, sino a un muy específico tipo de belleza: «Necesito bajar esas caderas, quitarme esas patas de gallo, pronunciar un poco más mis pómulos, cocinar el mejor platillo y presentarlo de la manera más exquisita, entregar al mundo al mejor hijo y, a su vez, obsequiar a los hijos el mundo entero; darles a esos pequeños lo mejor de nuestro tiempo, con estándares siempre altos, cumpliendo como buenas mujeres, siempre disponibles, siempre con algo por hacer, y, claro, hermosas y agradables a la vista».

Si las mujeres que nacen perfectas se sienten inseguras y con millones de cosas por lograr y superar, ¿se pueden imaginar cómo me calificaba yo en comparación con las demás? ¿Cuánto pensaba que debía poner de mi parte para estar a su altura?

SIEMPRE ME SENTÍ
ADVERTIDA, CON UN
ULTIMÁTUM DE LA VIDA,
SIN DERECHO AL MÍNIMO
ERROR.

Para cualquier persona, el hecho de romper una copa se cataloga como un accidente, un evento aislado y sin importancia; sin embargo, ¿cuál es el juicio si a una persona sin brazos se le cae una copa o se le dificulta levantar una taza?

En estas condiciones nada pasa como un evento aislado o un mero accidente, todo tiene otro valor, otro orden de importancia. Eso me hacía sentir que yo no podía cometer el mínimo error.

De panzazo

Siendo alguien de 6, o sea, que aprueba «de panzazo» según los estándares de belleza y normalidad, ¿debería considerar a cada una de mis parejas, pasadas, presente o futuras como héroes por el hecho de tener tan buen corazón como para fijarse en una persona como yo?

Pensar en eso hacía que cada día mis estándares de perfección fueran más altos. Desde luego, al crecer mis responsabilidades aumentaba la admiración para quien compartía la vida conmigo.

DECIDÍ COMPENSAR EL SER «LA MUJER QUE NO NACIÓ PERFECTA» ASUMIENDO TODAS Y CADA UNA DE *LAS* RESPONSABILIDADES DE MI VIDA EN PAREJA.

Pensaba que de esta manera pagaría el gran favor de tener el cariño de otra persona. Es decir, me sentía en deuda por el hecho de que *alguien* pudiera amar a *alguien* como yo. Como dice el buen Jacques Lacan: «Amor es dar lo que no se tiene a quien no es».

Lo anormal de lo *normal*

Se me ocurrió entregar todo mi amor propio —de por sí tenía poco— a una situación de vida que estaba cimentada en las nubes. Por supuesto que lo vi completamente normal.

LA CULTURA SOCIAL HACIA LA MUJER ESTÁ CONTRA LA PARED EN CUANTO A LAS EXPECTATIVAS, AL PROTOCOLO SOCIAL, LA RELIGIÓN Y LAS CREENCIAS.

Es *normal* que la mujer esté a prueba de manera permanente: «¿Será capaz de dirigir una empresa de la misma manera que lo hace un hombre? ¿Será posible que un día la mujer esté a la par de un hombre en habilidades?». Y muchas lo creíamos, por lo que, para lograrlo, intentamos de todo; lo damos todo, incluso a nosotras mis sin miramientos, hasta convertirnos en ¡las pendejas!

Ah, no, perdón... en *La incondicional*,
porque esa balada que canta Luis Miguel
parece describir de una manera perfecta,
muy romántica y poética, la realidad que se
estrella en el bonito rostro de una mujer.

Así que, además de mi trabajo, siempre que estaba en casa me ocupaba de las cosas propias que toda *buena* mujer ama de casa debe hacer: preparar la comida, lavar los trastes, tender camas, vigilar que la nevera y la alacena tengan siempre lo indispensable, pagar las cuentas, proponer, organizar, pagar paseos familiares y de pareja, y un largo etcétera que ustedes conocen bien.

HACER DE TODO, Y MÁS,
ME HACÍA SENTIR VALIOSA,
MERECEDORA, UNA MUJER
COMPLETA, HECHA Y
DERECHA, INCLUSO MEJOR
QUE CUALQUIERA QUE
PUDIERA SIGNIFICAR
UNA RIVAL.

Por mis huevos

Lo que necesité para darme cuenta de que no me valoraba lo suficiente fue un par de huevos. Digo de huevos, y no de ovarios, pues un día, luego de preparar y servir unos huevos estrellados en forma de corazón —que tardé algunos días perfeccionando, echando a perder algunos—, mientras esperaba ansiosa la reacción del susodicho, él los miro y dijo: «Lo que es no tener qué hacer». Se los comió de tres mordidas y partió rápidamente al trabajo.

EXPLOSIÓN NUCLEAR...

Ese momento me sirvió para entender que ser detallista, entregada, amorosa y hacer de todo, no me convertiría en la mujer perfecta que yo añoraba sentirme. Eso sólo sucedería hasta que yo me valorara.

La justa medida o metida de pata

El no permitirte compartir responsabilidades, como en su momento yo me cargué la mano en todo y prácticamente sostuve la relación sobre los hombros, habla de la enorme inseguridad que existe en ti y que había en mí.

El balance justo, el equilibrio de entregas y el ganar-ganar se me fueron de las manos, y no por lo que mi ex hizo o dejó de hacer, sino porque amordacé lo que realmente sentía, a la mujer que de verdad me habitaba, que me decía que mi valor, mi dignidad y mi capacidad de amar debían estar por encima del miedo o el deseo de agradar.

SIN DARME CUENTA,
SIEMPRE ME EVALUABA
COMO UNA MUJER DE 6,
COMO UNA MUJER QUE LO
ORDINARIO LO HACÍA
EXTRAORDINARIO Y AUN
ASÍ **REPROBABA**.

Como muchas mujeres que se dividen en mil para trabajar, cuidar a sus hijos, preparar la comida, atender su proyecto de trabajo, etcétera, me privé del derecho a pedir nada y mucho menos a equivocarme.

¿Cómo podría cometer un error, si ya suficiente hacía ese hombre con ser la pareja de la mujer sin brazos, pudiendo tener la posibilidad de estar con alguien que lo tuviera todo?

Si él estaba conmigo, yo debía buscar la manera de llenar ese todo, de justificar ese todo, incluso de superar ese todo con lo que yo tenía.

Comparto esto con la frente en alto, sin queja, lamento ni reclamo; simplemente hago una retrospección que considero importante poner en tus manos para que pongas el reflector en tu manera de amar y de amarte, en la forma en que das y recibes en tu relación.

QUIERO QUE SEAS PARA TI
LO QUE SIEMPRE PROCURAS
SER PARA LOS DEMÁS.

Lo deseo tanto —y me siento tan segura de que lo anhelo para ti—, que me arriesgo a poner en tus manos este episodio de mi vida, una etapa dura, de aprendizaje y lecciones aprendidas que ahora miro desde el presente, sonrío y bendigo. Aprendí que mi valor como persona y como mujer no depende de que alguien me apruebe.

Six for ever

¿Cuántos hombres y mujeres se evalúan en un 6 permanente? ¿Cómo es posible que vayamos *perdiendo puntos* sólo porque somos más gordos o flacos que nuestra pareja, o porque no estudiamos tanto como él o como ella, o porque es de mejor familia que la tuya, o es más agraciado físicamente?

DEJA DE BAJARTE LA
CALIFICACIÓN PORQUE ÉL O
ELLA GANA MÁS QUE TÚ, O
PORQUE TIENE ALGO QUE
TU DESEAS Y NO TIENES.

Un barco chingón

Admirar a tu pareja no es malo, en absoluto, al contrario; qué gusto que la persona que te ama sea un chingón. La pregunta es: ¿en qué momento sentiste que eras menos y que tenías que compensar o pagar por esa chingonería? Te lo voy a decir yo:

EN EL MOMENTO EN EL QUE
TE CREÍSTE EL SERMÓN QUE
TE OFRECE LA SOCIEDAD
HACIÉNDOTE PENSAR Y
SENTIR QUE NO ESTÁS A LA
ALTURA DE TU PAREJA.

Son paradigmas y complejos que nos trasmiten tanta inseguridad que terminas comprando completita la idea de que tienes que hacer algo más, siempre un extra, incluso todo para que esa persona se quede contigo, olvidando que en el barco están los dos y no se trata de quién tiene el mejor remo, ni los mejores brazos (o simplemente brazos). Se trata de remar con la misma energía, entrega y ritmo para llegar a buen puerto. A fin de cuentas, el barco es lo más importante, en el entendido de que el barco son los valores y principios que sostienen la relación. Lo que la gente diga está afuera del barco.

EN EL MOMENTO EN EL QUE
DEJES ENTRAR AGUA, TU
BARCO CORRE EL RIESGO
DE HUNDIRSE.

Claro que podemos escuchar consejos, porque una suave brisa siempre refresca, pero sé cautelosa, porque en el momento en que permitas que entre agua, lo más seguro es que te hundas en la inseguridad, te ahogues en tus miedos y no haya nada que hacer para que esa persona se quede contigo, pues ni tú misma estarás segura de querer que regrese.

¿Quién aborda un barco que es propenso a hundirse constantemente? Hasta el mejor marinero lo piensa dos veces.

SER UNA PERSONA DE 10,
SOBRESALIENTE Y CON
ESTRELLITA EN LA FRENTE,
SÓLO DEPENDE DE QUE
PIENSES EN TI COMO UNA
PERSONA DIGNA DE
COMPARTIR RESPETO Y
AMOR DEL BUENO.

Rompe de una vez por todas con ese patrón de expectativas por cumplir y moldes para llenar.

ENAMORARTE PRIMERO DE TI
hará que todo sea más fácil.

Redireccionar

Durante muchos momentos de mi vida en pareja sentí que las cosas no estaban tomando el rumbo que yo había soñado, pues cada estrategia que se me ocurría se topaba con una pared que no me permitía continuar, pero el ejemplo de mis abuelos y de mis padres, quienes pasaron toda una vida juntos, me hacía pensar que sólo tenía que redireccionar para llegar al «juntos y felices por siempre».

Buscando entender por qué ninguno de los rumbos que tomé me llevaron a donde soñaba, investigué el concepto «redireccionar» en diccionarios digitales.

Además del significado, sinónimos y antónimos de la palabra «redireccionar», busqué de modo *inverso* significados, sinónimos y antónimos de otras palabras.

Buscar de modo *inverso* sirve para encontrar palabras a partir de su significado. Este recurso es usado como referencia en los ámbitos escolar, académico, literario y lingüístico en general.

LOS RESULTADOS FUERON
QUE LA PALABRA
«REDIRECCIONAR» NO
EXISTE, NI SIQUIERA EN LA
REAL ACADEMIA ESPAÑOLA
DE LA LENGUA.

Incluso, la Fundéu (Fundación del Español Urgente) señala que «se recomienda el uso del verbo dirigir frente a direccionar y otros derivados como redireccionar».

Se me hizo tan extraño, pues normalmente cuando sentimos que cometimos un *error* revisamos nuestras acciones pensando en *redireccionar* el rumbo de nuestras vidas para llegar a nuestro sueño dorado y hacer lo correcto esta vez.

«Redirigir», para ser correctos

Redireccionar es quizá el juicio que hacemos sobre nuestros *errores* del pasado, sobre una fantasía que no existe porque cuando tomamos esas decisiones no lo hacemos con el propósito de que las cosas salgan mal, ni de perdernos en el cúmulo de acciones al querer hacer que las cosas funcionen, y de pronto tropezamos al desear sostenernos de algo para evitar la caída, pero lo único que logramos es causar un desastre.

DESEAR REDIRIGIR ES
COMO QUERER REGRESAR
EL TIEMPO.

Cambiar el rumbo de nuestras decisiones es prácticamente imposible, pero lo más extraño es que si eso pasara, viviríamos lo mismo, pues en el momento de tomar una decisión desde nuestra experiencia, con la información que teníamos, construimos lo que mejor nos pareció en ese instante para lograr nuestro proyecto.

No todo fue taaaaan malo

Mentiría si te dijera que toda mi vida en pareja fue mala y un sufrimiento constante. Por muchos años me sentí afortunada por tener a un buen hombre a mi lado: no era parrandero, era responsable, siempre ordenado, jamás decía malas palabras, siempre llegaba a dormir. ¿Cómo pedir más?

¿Cómo exigirle cosas superficiales como compartir los gastos de la casa, tener atenciones hacia mí o compartir las responsabilidades con nuestra hija?

Yo tenía que resolver esas cosas porque, desde el inicio de nuestra relación, no me sentía con el derecho de pedir algo más; ya estaba conmigo y era suficiente. Nunca consideré que con el tiempo nuestros compromisos, retos y responsabilidades serían mayores.

No me atrevía a pedirle ayuda o apoyo porque si me comparaba con algunas mujeres sin discapacidad, guapas e inteligentes, aunque a puerta cerrada eran abusadas, golpeadas y engañadas, ¿cómo yo en mi condición me podría atrever a pedir algo más?

LA COSAS QUE ÉL HACÍA
Y QUE YO MIRABA COMO
UN ACTO HEROICO,
EN REALIDAD ERAN SU
RESPONSABILIDAD.

Mea máxima culpa

Hoy en día, a posteriori de esa situación, ¿qué sentido tiene justificar algo que ya paso? ¿Sentir culpa al pensar que tal vez pude hacer algo para evitar ciertas situaciones? Pero ¿qué es la culpa? La RAE (Real Academia Española) dice:

1
Imputación a alguien de una determinada acción como consecuencia de su conducta.

2
Hecho de ser causante de algo. La cosecha se arruinó por culpa de la lluvia.

3
Der. Omisión de la diligencia exigible a alguien, que implica que el hecho injusto o dañoso resultante motive su responsabilidad civil o penal.

4
Psicol. Acción u omisión que provoca un sentimiento de responsabilidad por un daño causado.

Ahora bien, teniendo claro el concepto,
¿puedes considerar que hiciste algo en
tu relación por negligencia, imprudencia
y que pudiste haber prevenido? ¡No!

La verdad es que todas nos casamos enamoradas, ilusionadas, entusiasmadas y con un montón de sueños que estábamos seguras serían más fáciles de lograr en compañía de nuestra pareja.

¿Qué finalidad tiene la culpa? ¿El resarcimiento del daño? Pero nadie tiene el poder de construirte el amor propio, el respeto por quien eres, el concepto que tienes de ti.

TÚ Y SÓLO TÚ ERES
RESPONSABLE DE SANARTE,
REPARARTE O
CONSTRUIRTE.

Nada que tú permitas te hará daño, sin embargo, parece que a veces somos nosotras mismas quienes decidimos darnos la estocada final cuando no suceden las cosas como esperábamos, y nos juzgamos como las peores culpables.

Sin embargo, si es inevitable para ti sentirte culpable, a pesar de lo que te digo, pues recuerdas que mucha gente te advirtió que no te enamoraras, lo que te puedo sugerir es:

Valora las circunstancias que constituyen esa culpa con el propósito de no condenarte, porque eres inocente, porque cuando estamos enamoradas hacemos cosas increíblemente estúpidas e increíblemente valiosas, depende de la visión que tengas en el momento de la situación.

COMO DICE ROSARIO CASTELLANOS: «UNA MUJER INTELIGENTE SÓLO PUEDE ENAMORARSE DE UNA MANERA: A LO PENDEJO».

No hay ni habrá manera de *redireccionar* el camino ya andado, lo único que puedes hacer es tomar nuevas decisiones y construir un nuevo sendero, con o sin tu ex.

Lo que yo hice fue irme, porque no hubo manera de llegar a un acuerdo para iniciar un nuevo camino juntos.

Hice una mudanza de vida
para regresar conmigo.

Cuando decidas hacer tu mudanza para regresar contigo, tienes que depurar y te darás cuenta de que tienes cosas que ni sabías o que no habías usado nunca: talentos, cualidades, dones.

Puede ser que te encuentres con la realidad de que la única que se muestra amor en casa eres tú misma. Duele hasta los huesos encontrarte con esas realidades, pero recuerda que también encontraste talentos y fortalezas que no recordabas o que no habías descubierto.

REGRESAR CONTIGO
TAMBIÉN ES PERDONARTE
PORQUE *FUISTE* UNA
PENDEJA.

Como ya dijimos, ver las cosas de manera romántica nos servirá para superarlas. ¿No es así Luis Miguel? Fuimos *La incondicional*.

Serenata personal

Al final de tanta confusión sobre las apariencias, necesitamos echar mano de nuestros talentos y echar pata con talento.

La manera de canalizar toda la energía que nos queda después de una ruptura —de manera productiva— es a través de ese talento. Yo lo logré gracias a la música.

Siempre he sido amante de la música. Nunca ha faltado una *rola* con la que me identifique en determinados momentos de mi vida. Me encanta bailar, pero hoy tengo tanta necesidad de expresar mis emociones, que necesito algo más.

En medio de la depuración de una mudanza encontré, en el baúl de mis «pospuestos por falta de motivación», algo que sin duda me resultó de muchísima utilidad para desahogar todas las emociones e inseguridades que explotaban en mi corazón y desesperadamente buscaban una salida: tenía ganas de aprender a tocar un instrumento.

Fue entonces cuando rescaté de dentro de mí la motivación que a todos en ciertos momentos nos ha faltado para hacer eso que despierta una curiosidad especial por hacer, aprender, experimentar, vivir.

NUESTROS FANTASMAS SE FORTALECEN GRACIAS A NUESTRAS CREENCIAS EN TODO LO EFÍMERO DE LA MENTE. UNA MANERA DE PONERLOS EN PAZ CONSISTE EN RECURRIR A NUESTRA EXPERIENCIA PERSONAL.

Acompañamiento de cuerdas

Mis amigos me apoyaron de inmediato con la idea de aprender a tocar. La pregunta obvia era: ¿cuál sería el instrumento que me acompañaría en esta nueva etapa de mi vida?

No me tomó mucho tiempo decidirme por el chelo, ya que su sonido es muy similar al de la voz humana; sin embargo, también es uno de los más complicados y está diseñado para tocarse con las manos.

EN LA VIDA NO SIEMPRE
PODEMOS ELEGIR
NUESTROS RETOS, DE LO
CONTRARIO, TAL VEZ LA
EXISTENCIA SERÍA MUY
MEDIOCRE.

Más que elegir al chelo como nuevo compañero de vida, creo que él me eligió a mí.

Mis amigas y yo iniciamos la búsqueda de un maestro que deseara sumarse al reto de enseñar a alguien sin manos a tocar el chelo.

Motivos a dueto

Llegó el día de nuestra primera cita para valorar mis aptitudes musicales. Para mí no es raro sentir miedo y nerviosismo al enfrentar algo nuevo.

Las personas tienen una idea falsa sobre mí; piensan: «Eres conferencista motivacional, no te sientes insegura», «Eres muy optimista, todo te sale de lujo gracias a tu actitud», «No necesitas recibir palabras de aliento, al contrario, tú las das; ¿no es así?». Pues no.

La realidad es que la motivadora también
necesita uno o muchos motivadores.

Platicando con un amigo —a quien no tenía mucho tiempo de haber conocido y quizá no conocía toda mi historia— entré en confianza para contarle todos los sentimientos que a las personas consideradas fuertes nos gusta esconder:

—Estoy nerviosa. Me siento muy insegura con esto que voy a hacer. Yo nunca he tocado el chelo ni con la punta del pie —fue lo que, sin pensarlo, se me salió decirle.

Sus palabras fueron simples:

—Tú, *tranqui*, serena; eres fuerte. Va a ser una buena experiencia. Recuerda que también puedes considerar el arpa.

Con esas simples palabras me recordó que la tranquilidad nos ayuda a tener una mayor concentración y habilidad. Y continuó:

—Eres fuerte. Tú aguantas. A pesar de las dificultades y de lo dolorosas que puedan ser, la realidad es que nuestras resiliencias cada vez son mayores, sólo es importante que consideres tus habilidades para hacer uso de ellas. Será una buena experiencia. No juzgues anticipadamente lo nuevo como algo complicado. ¿Considerar el arpa? Por más pesado que te parezca un reto, siempre habrá uno más difícil. Así que deja de lado la queja y vive el momento.

Yo lo sabía, pero es importante reafirmar estos conceptos para ponerlos en práctica, y se vuelven más valiosos cuando te los recuerdan de manera desinteresada, con la simple y llana intención de animarte, dejando de lado las ganas de chingar.

Es maravilloso descartar
el miedo hacia lo nuevo y
estimular a tu orgullo para que,
con coraje, cumplas el reto.

Otra manera de animarte es plantearte retos, pero sin duda, al final, terminarás abandonando ese desafío, asqueada de que te fuercen en vez de motivarte a sentir el placer del esfuerzo.

¿CUÁL ES EL INSTRUMENTO
QUE ENTONA CONTIGO?

La música que eres

Algunas veces, nos gusta cierto tipo de música sólo porque le agrada a la persona que nos acompaña, pero ¿qué es lo que *suena* a ti?

CUANDO TRAICIONAS LO
QUE RESUENA EN TU
INTERIOR, DESENTONAS
CON TODO Y CON TODOS.

Lo curioso es que todos te escuchan así, desentonada, menos tú. Decide reaprender la música que ahora combina contigo. ¿A qué te suena hoy? ¿A qué te sonaba la vida antes?

Sentimientos de arroz

Ahora que has terminado una relación y estás regresando contigo, eres nuevamente la directora de la orquesta de tu vida. No dejes que nadie te dirija y comparte tu música. Sé como un *kolam*, es decir, un patrón trazado con harina de arroz, entre otros ingredientes.

Cuando estudiaba el *master* en Ecología Emocional, conocí los *kolam* en un estado en el sur de India: Tamil Nadu. Ahí, las mujeres barren cada mañana la entrada de sus casas y dibujan un *kolam*, con harina, polvo de arroz o de flores.

Es una tradición que pasa de generación en generación, de la mano de las mujeres. Los diseños son siempre diferentes, pueden ser una figura geométrica, una flor o sólo un pétalo, y su finalidad es atraer abundancia y la buena suerte.

Así como esta expresión de arte y tradición es diferente todos los días, y no importa si es espectacular o sencilla, a la mañana siguiente el *kolam* es borrado para plasmar uno nuevo. Lo mismo pasa con los sentimientos que se escuchan en tu música: pueden variar cada día y ser de nostalgia, decepción, desánimo, tristeza, rabia o frustración.

Date cada día la oportunidad de
sentir, de que haya vida en tu vida.

Entonces, ¿qué música suena hoy en ti? Quizá el amanecer traerá otra percepción y otra música. No se trata de que uno de los instrumentos en tu orquesta suene más o menos; todos son importantes. Si a alguno de los músicos le hace falta pasión, le queda a deber a la melodía.

¿CUÁNTO HAS DADO EN
UNA RELACIÓN, QUE YA HAS
DESENTONADO CON TU
ESENCIA?

El chelo a mis pies

Llegué a la cita con el maestro de chelo. En cuanto me vio entrar, desenfundó el majestuoso instrumento. No recuerdo haber visto uno tan cerca.

El instructor se presentó y se alistó para tocar, como demostrando que tenía el talento para enseñarme. Después de terminar la emotiva melodía, me preguntó:

—¿Qué opina?

—¿Cree que yo pueda aprender a tocar el chelo? —no pude más que responder con otra pregunta.

El maestro ajustó la altura del instrumento para ofrecérmelo. Me senté, y en cuanto me entregó el arco, me di cuenta de que él estaba tan nervioso como yo.

No estamos solos en los sentimientos
de la orquesta de la vida.

Normalmente pensamos que somos los únicos nerviosos ante una situación o ante una persona, pero la realidad es que todos estamos en el mismo escenario.

El reto del arnés

«El amor no se crea ni se destruye, solamente se transforma», dicen por ahí, parafraseando la ley de conservación termodinámica.

Toda relación en nuestra vida necesitará, tarde o temprano, un elemento fundamental: la **creatividad**.

Si bien nacemos para el amor, el amor
es algo que se va construyendo y
creando con imaginación, detalles
y renovación constante.

La creatividad y el amor

Cuando iniciaron mis clases para aprender a tocar este instrumento de sonidos melancólicos y profundos para el alma, me di cuenta de que la piedra angular para dominarlo es el equilibrio en la presión entre el arco y las cuerdas.

Por ser los dedos de mis pies tan cortos y estar obligada a tomar el arco sólo por un extremo, suponía demasiada carga para mí, lo que generaba que, al paso de algunos minutos, me cansara y se entumieran mis pies demasiado rápido. También me preocupaba que a media melodía se me soltara el arco.

¿Qué hacer para mantener el equilibro en una relación de pareja, conservar la tensión y el aporte de ambos de manera constante y suficiente, sin que la carga de la relación canse a alguno de los dos, evitando que el amor salga disparado?

¡CREATIVIDAD!

Puse pies a la obra y me di a la tarea de diseñar una especie de arnés que me ayudara a mantener seguro y equilibrado el arco.

No recuerdo cuántos fueron los intentos hasta que, con una pulsera, logré distribuir el peso del arco entre los dedos de mis pies y mi tobillo.

El peso del arco y la rutina

Entre amigas, **no** nos pisamos los callos, pero es mi deber ser realista.

En todas las relaciones de pareja —incluso en la que hoy parece pacífica, feliz y llena de armonía— habrá momentos impregnados de rutina y tensión, que hacen que la llama del amor sea menos pasional. En este punto la creatividad es fundamental.

Debes vivir cada día como siempre,
pero como nunca. Debes hacer
lo mismo, pero de una forma
renovada, liberando la tensión,
compartiendo las responsabilidades,
fluyendo de manera original.

No te puedes dar el lujo de que la rutina te pise los talones: es entonces cuando desafinas e inicia el caos.

El arnés

El arnés me sirve para mantener el equilibrio de la presión entre el arco y las cuerdas. De la misma manera, la creatividad nos servirá para mantener el balance entre las presiones y la fuerza que se necesita para refrescar el día a día, permitiendo que la música de tu alma siga fluyendo en la relación, hacia tu pareja y hacia ti misma.

La creatividad dará el equilibrio para que la monotonía no traiga el caos de la costumbre que, discretamente, abre la puerta del corazón a todo lo que no merecemos, pero que, por costumbre, ya no nos atrevemos a cambiar.

> COMO DICE LA CANCIÓN
> DE JUAN GABRIEL:
> «NO CABE DUDA QUE ES
> VERDAD QUE LA
> COSTUMBRE ES MÁS
> FUERTE QUE EL AMOR».

Hoy, he decidido cambiar la costumbre de esperar de los demás algo que ni yo misma me atrevía porque no me sentía merecedora.

La música de mi alma

Hoy, me llevo serenata a mí misma. Me doy cuenta de toda la música que podía escuchar, de las hermosas melodías que no me permitía apreciar por aferrarme a oír la misma cantaleta: «No mereces, no vales, eso no es para ti». ¡Qué difícil es cambiar!

A VECES DESENTONAMOS
CON LA VIDA, PERO SÓLO ES
CUESTIÓN DE AFINAR,
DEJAR DE ALARDEAR Y
OMITIR EL SONIDO
ESTRIDENTE QUE RESUENA
FUERA DE NOSOTRAS, PARA
PONER ATENCIÓN A LA
BELLA MÚSICA QUE
LLEVAMOS DENTRO.

Desentonar

«Dime de qué presumes y te diré de qué pie cojeas». Este *desentonar* no es sólo responsabilidad del ruido de una sociedad que nos presiona para cumplir con sus protocolos, tampoco es culpa de la mercadotecnia que constantemente nos bombardea o de la tecnología que nos invita a seguir la tendencia que marcan las redes sociales.

«Tanta culpa tiene el que mata a la vaca como el que le agarra la pata», por lo que todos tenemos la misma responsabilidad dentro de una orquesta y todos los días necesitamos afinarnos, como se hace con un instrumento delicado.

Afinar

Me sorprendió aprender que hasta la humedad del entorno modifica la afinación de mi chelo. Incluso, en algunas escuelas colocan cubetas con agua para regular la temperatura necesaria para mantener los instrumentos afinados. Parece que las cuerdas tienen vida propia, porque están cargadas de sentimientos.

Para hacer música que suene bien, hoy pongo atención a lo realmente importante: debo ser consciente y estar atenta por si necesito apretar o aflojar las cuerdas de mi chelo, dependiendo del ambiente y de la tonada. Lo mismo sucede en la vida.

EN OCASIONES HABRÁ
OPORTUNIDAD DE AFLOJAR
EL PASO, PERO EN OTRAS
TENDRÁS QUE APURARLO
PARA ESTAR DONDE
MERECES. LA IDEA ES
SONAR BIEN PARA TI.

No todos compartimos el gusto por algún género musical. Eso no debe impedirte estar afinada ni vivir en congruencia con tus talentos y cualidades.

Más vale tocar a tiempo *Las golondrinas*, que la canción *Todo se derrumbó*, y sentir tu vida en ruinas.

Si tocas sólo la música que agrada a otros —o para impresionar a alguien más—, tu instrumento desentonará con la vida. Si no suenas a ti, no disfrutas, te traicionas y le faltas al respeto al hermoso chelo que eres.

Recuerda que sólo se vive una vez y disfrutarás más tu paso por este mundo si cada día vives al máximo y a tu manera.

YO, POR MI PARTE,

LO HARÉ *A MI MANERA*...

CON LAS PATAS, ¡PERO BIEN!

Amaestrando *a la soledad*

Nacemos y morimos solos, pero sentimos la necesidad de encontrar a nuestra otra mitad. Quizá por eso nos pesa pensar en la soledad.

Cuando te propongo que *regreses contigo* después de una ruptura amorosa, tal vez la primera idea que viene a tu mente es: «¿Cómo? ¿Quedarme sola otra vez?». Como si fuera algo terrible.

¿CÓMO ESPERAS QUE
ALGUIEN NUEVO QUIERA
ESTAR A TU LADO SI A TI
MISMA TE CUESTA TANTO
TRABAJO ESTAR CONTIGO?

¿A qué le tienes miedo? ¿Cuál es tu duda? ¿Te gustaría reflexionar conmigo sobre cómo sería regresar contigo?

El mundo exterior

Cuando yo era adolescente, me daba pánico pensar en salir sola a algún lugar. Debido a mi forma de ser, necesito hacer un plan para cada paso que doy.

Hoy tengo un mayor entrenamiento y manejo de mi cuerpo, pero durante la adolescencia, cuando iba a algún lugar nuevo me daba pena preguntar, relacionarme y me sentía insegura, como nos pasa a todas.

A ese miedo había que agregar el estar en riesgo constante de quedarme encerrada en el baño —o en cualquier lugar— porque la manija de la puerta estuviera demasiado dura o grande para la fuerza que podía ejercer con los dedos de mis pies, o que al subir el pie para preguntar, indicar o mostrar algo, las personas se asustaran, pues no entendían si me estaba tropezando o les iba a soltar una patada. ¿Te imaginas?

ENTENDÍ QUE TODOS ESOS MIEDOS E HIPÓTESIS SOBRE LAS CUALES HACÍA MIS PLANES SÓLO ESTABAN EN MI IMAGINACIÓN.

No quiero decir que no existan los riesgos, pero la realidad es mejor de lo que la imaginamos, pues normalmente yo solía pensar que cada vez que salía sola podía suceder un caos que terminara con mi vida; sin embargo, siempre que lo hago y me enfrento a algún reto, nunca me falta una mano amiga que se ofrezca a salvarme el día.

Todos esos miedos que tu soledad
levanta son sólo marionetas movidas
por los hilos de tus creencias.

La muralla

La vida no es tan terrible contigo. La vida es increíble, un milagro que sucede frente a nuestros ojos a cada instante, pero lamentablemente no la vemos porque la muralla de nuestras creencias y paradigmas es muy gruesa.

A veces ese velo es sólo una neblina, no es algo concreto imposible de disipar con la valentía de la experiencia personal.

ÚNICAMENTE PODRÁS
SABER QUÉ TAN DIFÍCIL ES
ELIMINAR LA MURALLA
HASTA QUE LA ENFRENTES.

Mi discapacidad es mi mejor maestra porque me ha enseñado muchos valores que me han permitido ser feliz, pero en realidad ese mentor no es no tener brazos, es la práctica de mis actitudes y lo que sucede en torno a ellas lo que me ha enseñado a evolucionar.

Decir adiós

A mí también me daba miedo estar sola y tomar la decisión de despedirme de una relación que duró 15 años, de desprenderme del sueño imposible que se hizo posible. La probabilidad de que un hombre guapo, sin discapacidad y trabajador se fijara en una mujer sin brazos era de una en un millón, y a mí me pasó.

Me convertí en
la mujer casada más feliz del mundo,
pero ahora tengo que ser valiente y
decir adiós para poder ser
la mujer soltera más feliz del mundo.

En realidad, extrañaba y me hacía mucha falta la presencia amorosa de una pareja, ésa que da felicidad y paz. Debido a esa ausencia me había vuelto una mujer malhumorada, desesperada, llena de una ansiedad insostenible, de deseos de volver a vivir lo que añoraba; estaba colmada de expectativas y frustraciones. Entonces entendí que, más que necesitar a alguien para sentirme en calma, necesitaba de mí.

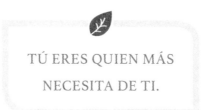

TÚ ERES QUIEN MÁS

NECESITA DE TI.

Cada vez que faltas a tu amor propio por aceptar migajas, justificándolas con todos tus defectos o mirándolas como algo que mereces por no ser y por no tener, dejas que la soledad inunde tu vida.

En compañía de la soledad

Incluso estando junto a quien crees que es el amor de tu vida, no hay nada más amargo que sentirte sola a pesar de dormir acompañada. Esa frustración llega porque no te atreves a **estar contigo**, porque crees que tu vida será terriblemente triste.

Cuando hice a un lado todos mis defectos, vi a la mujer que yo era de verdad. Descubrí que hay muchas personas maravillosas con las cuales puedo compartir mi día.

Aprendí que tomar una decisión
sin consultarla con alguien
—quien no me ama y a quien no
amo— no me hacía sentir sola, por
el contrario, me hacía sentir libre.

Antes mis miedos construían y alborotaban a todos mis vacíos. Hoy he dejado de amaestrar a mi soledad porque ya camina conmigo como la más dócil y fiel compañera.

Hoy mi soledad es mi amiga, como lo fue desde el principio de los tiempos. Sólo porque nací sola no quiere decir que no estoy conmigo.

La antesala del terror

Escribir este libro ha sido liberador e inspirador. Espero que cause el mismo efecto en cada uno de los corazones de mis lectores. Redactar este capítulo no ha sido nada sencillo, pues es el más triste en la historia de un amor, tanto, que al hacerlo no encontraba ni siquiera el acomodo en mi postura. No sabía por dónde iniciar.

¿Cómo contar el fin de algo que pensaste sería para siempre? Cada párrafo de este apartado está a un paso del precipicio, en la antesala del terror, a un centímetro de la puerta del dolor y a punto de abrir otra llena de incertidumbres. En cada una de estas líneas se encuentra la suma de todos mis miedos, de todo lo que por años evitaba. Es hora de hacerle frente.

Un peso de encima

Me di cuenta de que no había marcha atrás, de que, a pesar de todo, no pude salvar mi matrimonio y de que me dolía mucho. Esta mujer, que durante 20 años ha dicho en muchos escenarios que la actitud lo modifica y lo soluciona todo, descubrió que ni la magia de mi actitud me sirvió para cambiar nada.

¿Quién decide que un matrimonio es susceptible de ser salvado? ¿Qué es salvar un matrimonio? Todo es causa y efecto. Un matrimonio no sólo se trata de ti o de tu pareja, sino de los dos juntos.

Quitarme este peso de encima fue tan
fácil como preguntar a un oncólogo.
«¿Por qué existe el cáncer». Nada depende
de un solo miembro de la pareja.

Charlas decisivas

Para salir de la antesala del terror me hizo falta únicamente una llamada. Me comuniqué con uno de mis maestros de vida, mi querido Checo:

—Estoy decidida. ¿Cómo crees que deba pedirle el divorcio, acompañada o con un abogado? —pregunté.

—Tú, ante todo, eres una mujer de paz. No llegues con la espada desenvainada a un lugar donde no se ha iniciado ninguna batalla —respondió él —. Llega sola y hablen. Tal vez sea su última oportunidad para platicar en calma. Quizá él quiera luchar por ti. No le cierres esa puerta. Llega tranquila y centrada, con pensamientos claros.

Así lo hice. Le mandé a mi ex un mensaje a su celular en el que le pedí que habláramos antes de ir por nuestra hija. Me dijo que estaba bien. No fue nada sencillo llegar a casa. Nunca me imaginé que ésa sería la última vez que entraría ahí como la *esposa de…*

EN MI CORAZÓN
ALBERGABA LA ESPERANZA
DE QUE ESE HOMBRE NO
QUISIERA IRSE DE MI LADO
Y DESEARA HACER LO
NECESARIO PARA ESTAR
CON SU MUJER Y SU HIJA.

Abrí mi corazón y, sin rodeos, enumeré las cosas que no creía poder superar de nuestro matrimonio. Le pregunté si estaba dispuesto a intentar una terapia de pareja. Su respuesta fue determinante: "No".

No había nada más que hacer, así que le dije que lo siguiente era divorciarnos. Su respuesta fue clara y corta: «Está bien».

Lo mire por última vez, ahora sin esperar nada.

Ya no esperaba nada de quien fue el amor, de quien creí era mi compañero de vida. La última esperanza de mi corazón se había ido, así que tomé mi bolsa y salí por última vez de la que fue mi casa, mi sueño, mi pesadilla, mi culpa, mi absolución, mi independencia, mi esclavitud, mi todo, mi nada, mi decisión.

Pérdidas

Nada, no hay nada más doloroso que la pérdida, desde la de un bien material, un proyecto, una uña, un dedo, un brazo, una persona o un sueño. Pero ¿qué perdemos cuando alguien se va?

¿Duele por la persona que ya no estará o porque se va algo de nosotras mismas? Perdemos seguridad, aunque eso no tiene nada que ver con el otro miembro de la relación. Yo, en el fondo, me casé insegura de mi físico, de mi manera de pensar, de mi forma de ser.

Todo lo que había construido se llenó de vacíos debido a mis inseguridades. Llevaba una vida de acero sobre cimientos de queso gruyere.

NADA NI NADIE PUEDE
CONSTRUIR O CAMBIAR
DESDE AFUERA ALGO QUE
TÚ, Y SÓLO TÚ, TIENES QUE
ARREGLAR DESDE DENTRO.

Entrenamiento para ser una princesa

Crecí con las expectativas de un cuento de hadas. Nada para mí era más perfecto que el beso en un final feliz acompañado de la afirmación de que eso sería suficiente para el «vivieron felices por siempre».

Al inicio de una historia ideal es suficiente con la simple *belleza*, sin exigencias ni responsabilidad, pero el tiempo pasa y cobra factura. Si no eres consciente de que tienes que trabajar por tus proyectos y por construirte intelectual y emocionalmente, la vida se llenará de vacíos.

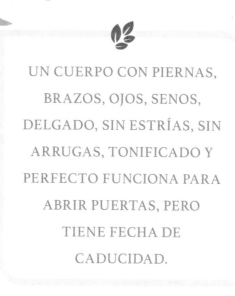

UN CUERPO CON PIERNAS,
BRAZOS, OJOS, SENOS,
DELGADO, SIN ESTRÍAS, SIN
ARRUGAS, TONIFICADO Y
PERFECTO FUNCIONA PARA
ABRIR PUERTAS, PERO
TIENE FECHA DE
CADUCIDAD.

Si no fomentas la inteligencia, las puertas que el físico te abrió no podrán permanecer así. La belleza descubre caminos, pero la estancia permanente le pertenece al intelecto.

La mercadotecnia nos dicta que la estabilidad en el hogar está basada en la perfección; sin embargo, lo único que se construye con esa idea es una rutina cuadrada y acartonada, insostenible.

La sociedad nos vende una esclava, cuando lo que en realidad compramos es un amo que nos manipula para vivir en una zona de confort en la que nos acostumbramos a cierto grado de dolor, pero preferimos eso mil veces antes de intentar un cambio con mayor pena, pero a la larga sanador.

Muchas —y muchos— no nos animamos a dar el paso hacia la libertad debido a la seducción de lo seguro, lo conocido, lo que se ve, lo que es más fácil.

> SÉ VALIENTE. DÉJATE
> SORPRENDER POR LA VIDA.
> AUNQUE CREAS QUE ES
> MÁS SEGURO TENER
> SIEMPRE LO MISMO,
> RECUERDA QUE TÚ
> EVOLUCIONAS Y YA NO ERES
> LA MISMA. SAL DE LA
> ANTESALA DEL TERROR.

Heráclito, el gran filósofo, lo vislumbró así: «Ningún ser humano puede cruzar el mismo río dos veces porque ni el humano ni el agua serán los mismos».

Otra vez de pie

Una curiosa paradoja es que cuando nos aceptamos como somos, entonces podemos cambiar.

Cuando yo me acepté como una mujer sin brazos, valiente para todo, pero insegura para presentarme ante el amor que deseaba, sucedieron todas las cosas que quería evitar. Aprendí que el miedo es el más grande imán para atraer todo lo que no queremos que suceda.

Lo que nos toca en la vida es construir
una espiritualidad tan fuerte que pueda
sostener, mover y construir nuestro físico y
nuestra mente para estar donde debemos.

La estocada final

Cuando quien creí que era el «amor de mi vida» me expresó de todas las maneras posibles que no tenía ningún interés de compartir su existencia conmigo, lo acepté ya sin ninguna resistencia.

La estocada final que me sirvió para atravesar la última esperanza de seguir juntos sucedió cuando canceló su viaje conmigo a Nueva York, un día antes de mi presentación en la ONU.

Papá

Desesperada y triste porque finalmente mi sueño dorado se estrelló contra mi realidad, me senté junto a mi padre en la sala y, por primera vez en 15 años, abrí mi corazón por completo para expresar que estaba aterrada de sólo pensar que mi ideal de familia feliz se diluía por completo en la nada.

Le dije a mi papá todo lo que había hecho a causa de mis inseguridades. Él me escuchó como siempre lo hacen los padres amorosos, conteniendo la desesperación, igual a todos los padres cuando vemos a nuestros hijos heridos. Me dijo muchas cosas, pero sólo recuerdo lo que me liberó.

Con un nudo en la garganta, y tratando de permanecer sereno, me dijo: «Adry, tú eres una mujer completa. Quítate ya esas telarañas de la mente y deja el pasado atrás». Me abrazó y me acompañó por mi maleta.

«New York, New York»

Recuerdo cómo ese viaje a la Organización de las Naciones Unidas transformó mi percepción de la vida por completo, pues llegué liberada, sin ningún compromiso de atender a nadie. Sólo tenía que hacerme cargo de mí y de lo que sentía.

Yo nunca había hecho un viaje sin pensar en el bienestar de mi acompañante. Siempre me acompañaba algún familiar o un compañero de trabajo que sabían perfectamente lo que yo podía hacer, o no. En este caso, iba con una amiga.

«Pide y se te concederá», leí en algún lugar o lo escuché en algún sermón.

Muchas veces pedimos ignorando lo que realmente poseemos; miramos lo que nos hace falta y no nos damos cuenta de que eso es lo que más aporta a nuestra vida. Esa carencia es lo que nos hace fuertes.

PARECE QUE EL MUNDO
CONSPIRA PARA
COMPROBARTE UNA
Y OTRA VEZ QUE YA ERES
LO QUE TIENES Y NO
NECESITAS MÁS

Al final del día en la onu, después de mi intervención y de escuchar todas las ponencias, me encontré en medio de uno de los momentos más importantes de mi carrera, con un grato sabor de boca y con mi vida por delante, sin tener más compromiso que mi hija, que estaba en muy buenas manos con mis padres en México.

Al verme incierta, mi amiga, sin saber que yo no tenía otra duda que la de saber qué haría de mi vida, libre, independiente y valiente como me sentía, pero con la mente algo ausente, me insistió en ir por un café.

Caminamos y llegamos al mezanine que albergaba una cafetería ocupada solamente por el personal y dos caballeros en una de las salas. Al vernos entrar, los comensales de inmediato se pusieron de pie y nos invitaron a acompañarlos.

Otro cuento, otra Bella y otra Bestia

Me reservaré el nombre de la persona que se encontraba en ese castillo encantado del siglo xx que es el edificio de la ONU, lo que sí les diré es que en este cuento estaba la mujer que siempre se sintió la Bestia por ser diferente y fue invitada a tomar un café por un miembro de la *realeza*.

El caballero había escuchado mi presentación y se desvivió en halagos, no sólo hacia mi ponencia, también hacia mi físico. Maravillado por todo lo que podía hacer con los pies, a partir del primer segundo cuidó cada detalle, desde alertarme que el café estaba caliente, hasta el estado de mi corazón.

Todo el rechazo hacia la humanidad
que sentía esta mujer sin brazos
fue sanando por el amor y el
cariño con los que era tratada.

Como saben, los cuentos de hadas siempre guardan alguna vuelta inesperada, algo inimaginable: el príncipe, acompañando a la Bestia en todo su proceso de divorcio, mostró su alma curandera como algo más que un buen amigo.

Yo no lo creía, pero lo vi y lo sentí con este cuerpo. Lo que ahí sucedió me cambió la vida.

No se confundan. No es que ese personaje tan importante se fijara en mí, sino que me di cuenta de la pronta respuesta que tiene el Universo al percibir el cambio en nosotras.

Simplemente, vivir

Cuando nos encontramos en el piso, sumergidas en lo más profundo de la decepción, el mundo parece decirte que no eres todo eso que crees que te falta.

Para poder recibir ese mensaje tuve que ponerme de pie en uno de los momentos más difíciles de mi vida y seguir adelante, volar por primera vez sola a otro país con el corazón roto, y esto, mis queridos lectores, es lo más real que podrán encontrar en este libro.

No existe ningún remedio exterior
para la tristeza, pues todos nos
deprimimos con base en nuestra historia
y circunstancias. No dejes que nada
te detenga, ni siquiera tú misma.

La vida, con todo lo bueno y lo malo, sigue siendo maravillosa y es un milagro que sucede cada segundo. Deja de juzgar a la existencia, sólo disfrútala y lucha por lo que quieres con todo lo que tienes y con todo lo que te falta.

Siempre hay algo por qué vivir. Deja de buscar explicaciones afuera y trata de entender las situaciones desde dentro, desde lo que construyes en ti.

Atrévete. Camina sobre el miedo que creías invencible, siempre dispuesta a construir el destino que imaginas.

Nunca dejes de creer en el amor.

Vive enamorada de ti.

Mantente fiel a ti.

¡VIVE CON
los brazos abiertos!

Agradecimientos

Quiero agradecer y dedicar este libro a mi hija Méritxell porque con su amor me da la fuerza y la valentía para tomar las decisiones más importantes de mi vida.

A mi madre Juanita y a mi hermana Elo por ser las mujeres más inspiradoras de mi vida.

A mi padre José Manuel porque con su apoyo y la manera de cuidarme me enseñó cómo es un hombre en toda la extensión de la palabra.

A Carlos Rosales, el amigo que siempre con su apoyo y cuidado se ha convertido en mi hermano del alma.

A mis amigas y compañeras en el viaje de mi vida: Yazmín Rico, Marisela Van Dik y Erika Ramírez.

A mi querida Alejandra Villagomez por acompañarme en el viaje más difícil y revelador de mi vida.

A Juan Mejorada el amigo incondicional que me guió en los días más oscuros de esta etapa de mi vida.

A mi mánager Ángel Díaz y a mi representante Alberto García por creer en mí, porque con su apoyo, guía y liderazgo saben encontrar el viento a favor para llevar cada proyecto a buen puerto.

A Ordinal Books por encaminarme y dirigirme en cada capítulo asertivamente: Yeana González, Fernando Dsandy y Alfonso Franco.

Y al amor de mi día, Enrique Arce, porque la vida me enseñó a través de él que el amor siempre está cuando menos lo esperas y cuando más lo necesitas.

Enamórate de ti de Adriana Macías
se terminó de imprimir en abril de 2022 en los talleres de
Litográfica Ingramex S.A. de C.V.
Centeno 162-1, Col. Granjas Esmeralda, C.P. 09810
Ciudad de México.